Matthias Duderstadt · Alexa Tegeler · Wiebke Hasselmann

WORTSCHÄTZE

Frühe Sprachbildung mit Witz und Vergnügen

Das Vergnügen,
das Lernen, Wissen und Verstehen
bereiten, ist eines der wichtigsten
und grundlegendsten Gefühle,
die ein Kind erwartet, wenn es allein,
mit anderen Kindern und Erwachsenen
neue Erfahrungen macht.
In diesem entscheidenden Gefühl
muss man die Kinder bestärken,
damit das Vergnügen auch dann anhält,
wenn sich herausstellt, dass
Lernen, Wissen und Verstehen
bisweilen schwierig und mühsam sind.

Loris Malaguzzi

Matthias Duderstadt · Alexa Tegeler · Wiebke Hasselmann

WORTSCHÄTZE

Frühe Sprachbildung mit Witz und Vergnügen

verlag das netz
Weimar

Bitte richten Sie Ihre Wünsche, Kritiken und Fragen an: info@verlagdasnetz.de

verlag das netz GmbH
Nummer 51 · 99441 Kiliansroda/Weimar
Telefon: +49 36453.7140
Telefax: +49 36453.71412
service@verlagdasnetz.de

ISBN 978-3-86892-135-9

Gestaltung: Maria-Helene Tornau, Jens Klennert
Illustrationen: Wiebke Hasselmann
Druck und Bindung: Foerster & Borries, Zwickau
Printed in Germany
Weitere Informationen finden Sie unter www.verlagdasnetz.de

Inhalt

Vorwort

Liebe Leserinnen und Leser,

die in diesem Bilderbuch versammelten Texte richten sich vor allem an Kinder, die sprechen lernen. Weil jedoch Zwei- und Dreijährige zumeist nicht lesen können, müssen wir, die Erwachsenen, sie ihnen vortragen.

Sie als Erzieherinnen, Erzieher oder Eltern haben großen Einfluss darauf, mit welchen Liedern, Gedichten und Sprachspielen Kinder in Berührung kommen. Im vorliegenden Fall ist das eine äußerst lustvolle und amüsante Aufgabe. Denn es handelt sich um eine Sammlung witziger, komischer und vergnüglicher Texte, über die alle gern lachen.

Wenn Kinder Worte witzig finden oder sich bei Zungenbrechern verhaspeln, dann befassen sie sich intensiv mit der Sprache und dann ist sie ihnen sehr nah. Wenn Kinder sich bewegen wie ein Tier, lernen sie viel über Tiere. Wenn sie laut »Iiih« oder »Mist« rufen, dann haben sie das schon von den Eltern gehört und kennen die Sprache der Erwachsenen. Und wenn sie über eine verkehrte Welt lachen, entwickeln sie Verständnis für die Welt um sich herum.

In diesem Buch wollen wir das spielerische Moment bei der kindlichen Sprachaneignung besonders betonen. Beiläufig werden hier das Sprechen (Artikulation), das Hinhören (Phonetik), die stimmlichen Möglichkeiten und die sprachlichen Fähigkeiten entwickelt. Beiläufig? Ja, denn die Kinder lernen das alles, ohne dass ihnen das Lernen bewusst ist, weil es Spaß macht. Wir knüpfen an das kindliche Sprechen an, indem wir ihre Ausrufe (Interjektionen) und ihr Interesse an den Vokalen, den drei Umlauten und an den Diphthongen aufgreifen. Und selbst grundlegende Vorläuferfähigkeiten zum Schriftspracherwerb können bei der gemeinsamen Lektüre hinzugewonnen werden.

Mit der besonderen Heraushebung von Witz, Komik und Humor befinden wir uns im Einklang mit den Einsichten in elementare Bildungsprozesse. Nämlich, dass eine positive Atmosphäre bei der Wissens- und Weltaneignung notwendig ist und dass Vergnügen beim Lernen nur förderlich sein kann. Auch das Spiel als die fundamentale Form des kindlichen Lernens trägt dazu bei, dass sich Kinder vieles beiläufig (implizit) und so nachhaltig einprägen. Schon deshalb sollte die Förderung des Spracherwerbs so oft wie möglich mit der alltäglichen Sprachpraxis von Kindern verknüpft sein.

Wörter begegnen jungen Kindern im Alter von zwei oder drei Jahren zuerst in ihrer Lautgestalt: Kinder hören zunächst das Wort Hund, denn sie können es ja nicht lesen. Danach erst bildet sich zum Wort Hund in ihrem Kopf ein Vorstellungsbild, nachdem wir ihnen ein Abbild vom Hund gezeigt haben. Genau deshalb kam es uns in diesem Buch auf eine Symbiose von Text und Bild an: Indem sich die Inhalte ergänzen und gegenseitig verstärken, unterstützen sie nicht nur die Sprachbildung, sondern auch die Entwicklung des Vorstellungsvermögens der Kinder.

Wir haben uns beim Sammeln der Texte bemüht, mit den eher einfacheren zu beginnen und mit anspruchsvollen zu enden, um so das Auffinden altersgerechter Texte zu erleichtern. So ist das Buch ein Schatz für Kinder jeden Alters und auch Sie werden Ihre Freude daran haben. Wir wünschen Ihnen beim Lesen Spaß, Offenheit und Freude! Gemeinsam zu lachen, erleichtert nicht nur das Lernen, sondern erhöht auch das Vergnügen im täglichen Miteinander.

Singen und sich bewegen

Wenn Kinder gemeinsam mit Ihnen singen, erweitern sie nicht nur ihre stimmlichen Fähigkeiten. Sie vergnügen sich dabei auch an den Reimen, Satzmelodien, Rhythmen, Betonungen und unterschiedlichen Bewegungen und prägen sich so ganz beiläufig neue Worte und Satzstrukturen ein. Sie lernen, wie Wörter gereimt und wie verschieden Silben, Wörter und Sätze betont werden können. Darüber hinaus erproben sie manchmal auch Ungewohntes: Sie singen vor, steuern Bewegungsideen bei oder leiten das gemeinsame Singen an.

ALLE MEINE ENTCHEN

Alle meine Entchen
schwimmen ...

Alle meine Täubchen
gurren auf dem Dach,
gurren auf dem Dach,
fliegt eins in die Lüfte,
fliegen alle nach.

Alle meine Hühner
scharren in dem Stroh,
scharren in dem Stroh,
finden sie ein Körnchen,
sind sie alle froh.

Alle meine Gänschen
watscheln durch den Grund,
watscheln durch den Grund,
suchen in dem Tümpel,
werden kugelrund.

PITSCH, PITSCH, PATSCH

Pitsch pitsch patsch,
barfuß durch den Matsch!
Der Matsch quillt durch die Zehen,
das stört uns nicht beim Gehen.
Pitsch pitsch patsch,
barfuß durch den Matsch.

Pitsch pitsch patsch,
jetzt machen wir mal Quatsch!
Wir schmieren uns mit Matsche ein,
das kann ja noch viel schöner sein.
Pitsch pitsch patsch,
jetzt machen wir mal Quatsch.

WAS MÜSSEN DAS FÜR BÄUME SEIN

Alle Kinder setzen sich in einen Kreis. Im Verlauf des Liedes bewegen sich die Kinder zum Lied. Etwa so:

Was müssen das für Bäume sein, ...
(Abwechselnd mit den Füßen stampfen.)

wo die großen ...
(Kurz aufstehen und wieder hinsetzen.)

Elefanten spazieren geh'n, ...
(Einen Rüssel formen: mit einer Hand an die Nase fassen und den anderen Arm durch die Öffnung strecken.)

ohne sich zu stoßen!
(Mit der flachen Hand auf die Stirn schlagen.)

Rechts sind Bäume, ...
(Mit beiden Händen rechts stehende Bäume darstellen.)

links sind Bäume ...
(Das gleiche auf der linken Seite machen.)

und dazwischen Zwischenräume, ...
(Vor sich mit den Armen Zwischenräume andeuten.)

wo die großen ...
(Kurz aufstehen und wieder hinsetzen.)
...

AUF DER MAUER, AUF DER LAUER

Auf der Mauer, auf der Lauer
sitzt 'ne kleine Wanze,
auf der Mauer, auf der Lauer
sitzt 'ne kleine Wanze.
Seht euch mal die Wanze an,
wie die Wanze tanzen kann!
Auf der Mauer, auf der Lauer
sitzt 'ne kleine Wanze.

(Der Witz an diesem Lied ist, dass man beim zweiten, dritten, vierten...
Mal von der »Wanze« immer einen Buchstaben weglassen muss,
vom »tanzen« auch.)

Also:

Wanze – Wanz
tanzen – tanze usw.
...

DER MURMELENTENMÄUSEFÜßLERKATZENSCHWEINEFANTENBÄR

Ich hab ein großes Kuscheltier, das sieht sehr lustig aus.
Vom Murmeltier hat es den Kopf, das Schwänzchen von der Maus.

Refrain:
Es ist ein Murmelentenmausefüßlerkatzenschweinefantenbär
Murmelentenmausefüßlerkatzenschweinefantenbär!

Sein Körper ist behaart und lang, mit zwanzig Beinen dran,
das Tier schleicht wie 'ne Katze und es bellt so laut es kann.

Refrain

Und wenn das Tier in Stimmung ist, dann ruft es: »Spiel doch mit!«
Es grunzt und quiekt und tanzt dabei im Elefantenschritt.

Refrain

Dann hüpft es wie ein Frosch durchs Gras und kräht dabei ganz laut,
dass selbst der Kirchturm-Wetterhahn verdutzt herunterschaut.

Refrain

Wie ein dressierter Zirkusbär, so tanzt das Tier daher,
trompetet wie ein Elefant, das fällt ihm gar nicht schwer.

Refrain

Dann geht mein großes Kuscheltier im Watschelentengang,
miaut und brummt und pfeift dazu noch viele Stunden lang.

Refrain

Am Abend schläft das müde Tier in meinem Bett gleich ein,
mein Bett ist dreißig Meter lang, da passt es mit hinein.

Refrain

WENN DIE MAUS ZUM TANZEN GEHT

(adaptiert nach Klaus W. Hoffmann)

Wenn die Maus zum Tanzen geht,
weißt du, was sie da so macht?
Munter turnt sie auf zwei Pfötchen,
knabbert noch an ihrem Brötchen.
Eins, zwei, drei, die Maus piepst laut:
Was ist denn bloß?!
Vier, fünf, sechs, wir tanzen alle los!

Wenn die Katze tanzen geht,
weißt du, was sie da so macht?
Schleichend dreht sie weite Runden
und hält Ausschau nach den Hunden.
Eins, zwei, drei, die Katze maunzt:
Was ist denn bloß?!
Vier, fünf, sechs, wir tanzen alle los!

Wenn der Waschbär tanzen geht,
weißt du, was er da so macht?
Unruhig hüpft er kleine Kreise,
zuckt herum auf Waschbärweise.
Eins, zwei, drei, der Waschbär bellt:
Was ist denn bloß?!
Vier, fünf, sechs, wir tanzen alle los!

Wenn die Hündin tanzen geht,
weißt du, was sie da so macht?
Schwänzelnd springt sie zu der Katze,
das Maul sieht aus wie eine Fratze.
Eins, zwei, drei, die Hündin bellt:
Was ist denn bloß?!
Vier, fünf, sechs, wir tanzen alle los!

Wenn das Walross tanzen geht,
weißt du, was es da so macht?
Röchelnd watschelt es herum,
biegt sich seinen Rücken krumm.
Eins, zwei, drei, das Walross röhrt:
Was ist denn bloß?!
Vier, fünf, sechs, wir tanzen alle los!

Wenn die Möwe tanzen geht,
weißt du, was sie da so macht?
Schwingt ganz oben fast im Dunkeln,
wo die hellen Federn funkeln.
Eins, zwei, drei, die Möwe krächzt:
Was ist denn bloß?!
Vier, fünf, sechs, wir tanzen alle los!

Wenn das Schwein zum Tanzen geht,
weißt du, was es da so macht?
Grunzend, stinkend hopst das Schwein,
will nicht mehr so einsam sein.
Eins, zwei, drei, das Schwein grunzt tief:
Was ist denn bloß?!
Vier, fünf, sechs, wir tanzen alle los!

MEINE BIBER HABEN FIEBER

Meine Biber haben Fieber, oh die Armen.
Will sich keiner denn der armen Tier' erbarmen?
Meine Biber haben Fieber,
Sagt der Farmbesitzer Sieber.
Hätt' ich selber lieber Fieber
und den Bibern ging es gut.

Meine Mäuse haben Läuse, oh die Armen.
Will sich keiner denn der armen Tier' erbarmen?
Meine Mäuse haben Läuse,
ach, es krabbelt im Gehäuse.
Hätt' ich selber lieber Läuse
und den Mäusen ging es gut.

Meine Hasen haben Blasen, oh die Armen.
Will sich keiner denn der armen Tier' erbarmen?
Meine Hasen haben Blasen
vom Grasen auf dem Rasen.
Hätt' ich selber lieber Blasen
und den Hasen ging es gut.

Meine Ziegen können fliegen, oh die Armen.
Will sich keiner denn der armen Tier' erbarmen?
Meine Ziegen können fliegen,
ach, es ist zum Kinderkriegen.
Könnt' ich selber lieber fliegen
und den Ziegen ging es gut.

Meine Hummer haben Kummer, oh die Armen.
Will sich keiner denn der armen Tier' erbarmen?
Meine Hummer haben Kummer,
sagt der Zoologe Brummer.
Hätt' ich selber lieber Kummer
und den Hummern ging es gut.

Meine Katzen haben Glatzen, oh die Armen.
Will sich keiner denn der armen Tier' erbarmen?
Meine Katzen haben Glatzen
vom Kratzen mit den Tatzen.
Hätt' ich selber lieber Glatzen
und den Katzen ging es gut.

MEINE OMA...

Meine Oma fährt im Hühnerstall Motorrad, Motorrad,
meine Oma fährt im Hühnerstall Motorrad,
meine Oma ist 'ne ganz patente Frau.

Meine Oma hat 'nen Krückstock mit 'nem Rücklicht ...

Meine Oma hat 'nen Nachttopf mit Beleuchtung ...

Meine Oma hat Klosettpapier mit Rüschen ...

Meine Oma hat 'nen Bandwurm, der gibt Pfötchen ...

Meine Oma hat 'ne Brille mit Gardine ...

Meine Oma hat im hohlen Zahn ein Handy ...

Meine Oma hat ein Smartphone mit Rasierer ...

Meine Oma hat 'ne Homepage mit Garderobe ...

Meine Oma hat 'nen Fahrstuhl mit Toilette ...

Meine Oma putzt die Zähne mit viel Ketchup ...

EIN MOPS KAM...

Ein Mops kam in die Küche
und stahl dem Koch ein Ei,
da nahm der Koch den Löffel
und schlug den Mops zu Brei.

Da kamen viele Möpse
und gruben ihm ein Grab
und setzten ihm ein Grabstein,
auf dem geschrieben stand:

Ein Mops kam in die Küche
...
(Und so geht es immer wieder von vorn,
bis allen die Lust vergeht.)

HARU GA KITA

Haru ga kita	Es ist schon Frühling
Haru ga kita	Es ist schon Frühling
Doku ni kita?	Wo ist der Frühling?
Yama ni kita	In den Bergen ist er
Sato ni kita	In den Dörfern ist er
No nimo kito.	Auf den Feldern überall.

WAS MACHT DIE MAUS IM SOMMER?

Was macht die Maus im Sommer?
Geht in die Speisekammer.
Sie packt sich Brot und Käse ein
und wandert in die Welt hinein – wandern.
(Wiederholung:) La, la, la, la, la...

Was macht die Maus im Herbst wohl?
Sie stopft ihr ganzes Haus voll
mit Körnern und mit Haselnuss,
damit sie ja nicht hungern muss – sammeln.
(Wiederholung:) Und da, und da...

Was macht die Maus im Winter?
Nimmt ihre Mausekinder
und steckt sie in ein warmes Nest,
da schlafen sie so süß und fest – schlafen.
(Wiederholung:) Mmh, mmh, mmh...

Was macht die Maus im Frühling?
Sie sucht sich einen Mann flink.
Sie träumt mit ihm am Mausebach
und sieht den weißen Wolken nach – kuscheln.
(Wiederholung:) Ach, ach, ach...

OH, VERZEIHUNG, HERR WURM!

Eins, zwei, drei,
da liegen Äpfel rot im Gras.
Voll der Korb. Ich esse einen!
Aber was ist das?!

Oh, Verzeihung, eine Störung,
hier ist wer zu Haus!
Aus dem Apfel kriecht ja einer,
wenn auch nur ein winzig kleiner
rosaroter Wurm heraus.

SCHNEEMANN

Schneemann, er steht im Garten
Dort muss er warten
Dort muss er warten.

Seine Nase aus Karotte
Und sein Mund aus Kieselstein
So steht er da, ist ganz allein.

Armer Schneemann, willst nicht einsam sein.
So steht er da, ist ganz allein
Armer Schneemann, willst nicht einsam sein.

OLD MACDONALD

Old Macdonald had a farm, E-I-E-I-O
And on his farm he had a cow, E-I-E-I-O
With a »moo-moo« here and a »moo-moo« there
Here a »moo« there a »moo«
Everywhere a »moo-moo«

Old Macdonald had a farm, E-I-E-I-O
And on his farm he had a pig, E-I-E-I-O
With a »oink« here and a »oink« there (grunzen)
Here a »oink« there a »oink«
Everywhere a »oink-oink«

Old Macdonald had a farm, E-I-E-I-O
And on his farm he had a horse, E-I-E-I-O
With a »neigh, neigh« here and a »neigh, neigh« there (wiehern)
Here a »neigh« there a »neigh«
Everywhere a »neigh, neigh«

Old Macdonald had a farm, E-I-E-I-O
And on his farm he had a chicken, E-I-E-I-O
With a »cluck, cluck« here and a »cluck, cluck« there (gackern)
Here a »cluck« there a »cluck«
Everywhere a »cluck, cluck«

Old Macdonald had a farm, E-I-E-I-O
And on his farm he had a duck, E-I-E-I-O
With a »quack, quack« here and a »quack, quack« there (quaken)
Here a »quack« there a »quack«
Everywhere a »quack, quack«

FIVE LITTLE MONKEYS

Five little monkeys jumping on the bed,
One fell off and bumped his head.
Mama called the Doctor
And the Doctor said,
»No more monkeys jumping on the bed!«

Four little monkeys jumping on the bed,
One fell off and bumped her head.
Papa called the Doctor
And the Doctor said,
»No more monkeys jumping on the bed!«

Three little monkeys jumping on the bed,
One fell off and bumped his head.
Mama called the Doctor
And the Doctor said,
»No more monkeys jumping on the bed!«

Two little monkeys jumping on the bed,
One fell off and bumped her head.
Papa called the Doctor
And the Doctor said,
»No more monkeys jumping on the bed!«

One little monkey jumping on the bed,
He fell off and bumped his head.
Mama called the Doctor
And the Doctor said,
»Put those monkeys straight to bed!«

Spielen

Mit diesen häufig von Bewegung und von Gesang begleiteten Spielen probieren die Kinder Stimmlagen und Betonungen aus. Hier dürfen sie flüstern oder laut schreien – das, was Erwachsene oft verlernt haben. Einige Verse können sie auch zur Unterstützung von Gruppenritualen verwenden, wie zum Beispiel vor dem gemeinsamen Essen.

Auch hier lernen die Kinder spielerisch neue Wörter kennen und schlüpfen in neue Rollen: Sie denken sich zum Beispiel Regeln aus oder erfinden Bewegungsideen.

GEWITTER

Es tröpfelt,
(Leise mit den Fingerspitzen auf den Tisch klopfen)

es regnet,
(Laut mit den Fingerspitzen auf den Tisch klopfen)

es donnert,
(Mit den Fäusten auf den Tisch schlagen)

es blitzt!
(Laut und zischend ein Geräusch wie »tschüü« von sich geben und dabei mit dem Arm eine blitzartige Bewegung von links nach rechts ausführen)

Und es schlägt ein!
(Laut mit den Fäusten auf den Tisch schlagen)

MEIN DACKEL WALDEMAR

Mein Dackel Waldemar und ich, wir zwei,
(Auf sich zeigen, dann mit der Hand fast auf den Boden gehen, »Zwei« mit zwei Fingern anzeigen)

wir wohnen
(Mit den Händen ein Dach über dem Kopf machen)

Regenbogenstraße
(Einen Regenbogen mit den Händen andeuten)

Drei
(Mit den Fingern die Zahl 3 zeigen)

und wenn wir abends eine Runde gehen,
(Auf der Stelle laufen)

dann kann man Dackelbeine wackeln sehn.
(Wie Dackelbeine mit den Beinen wackeln. Beine auseinander und wieder zusammen; dazu kann man bei jedem Zusammentreffen der Beine die Hände von einem Bein auf das andere rutschen lassen.)

KROKODIL

Es war einmal ein Krokodil,
(Mit flachen Händen ein Krokodilmaul machen)

das fraß sooooo viel.
(Die beiden Handflächen weit auseinanderhalten)

Es schlürfte,
(Mit den Händen aus einem Glas trinken und dabei Schlürfgeräusche von sich geben)

es schmatzte,
(Mit den Händen von einem Teller essen und dabei Schmatzgeräusche machen)

bis es schließlich platzte.
(Laut in die Hände klatschen)

Guten Appetit.

FISCHE

Viele kleine Fische
(Die Handflächen aneinander legen)

schwimmen heut zu Tische,
(Mit den Händen schlängelnde Bewegungen machen wie ein Fisch, der durch das Wasser schwimmt)

reichen sich die Flossen,
(Sich die Hände reichen)

dann wird kurz beschlossen,
jetzt nicht mehr zu blubbern,
stattdessen was zu futtern.

Drum rufen alle mit:

Guten Appetit!

DIE RÄUBER

Die Räuber schimpfen sehr,
(Einen Zeigefinger strecken und schimpfend auf und ab bewegen)

die Teller sind noch leer.
(Auf den Teller zeigen)

Erstmal mit den Fingern hakeln,
(Die beiden Zeigefinger verschränken)

kräftig mit dem Popo wackeln,
(Mit dem Popo hin und her rutschen)

liebevoll die Bäuche streicheln,
(Mit der Hand über den Bauch streichen)

über Kreuz die Hände reichen,
(Die Arme kreuzen und sich so die Hände reichen)

zicke zacke Zunger, die Räuber haben Hunger.
(Arme leicht auf und ab bewegen)

Guten Appetit!
(Hände loslassen)

BIMBAMBOLISCH

In der bimbambolischen Küche
geht es bimbambolisch zu:
Da tanzt der bimbambolische Ochse
mit der bimbambolischen Kuh.
Und die bimbambolische Mutter
kocht den bimbambolischen Brei
und die bimbambolischen Kinder
machen ein Geschrei.

Guten Appetit!

KROKODIL-SPIEL

Das Krokodil, -dil, -dil, das sitzt am Nil, Nil, Nil,
und hält sein Maul, Maul, Maul,
denn es ist faul, faul, faul.
Doch so dann, dann, dann,
so dann und wann, wann, wann,
da schnappt es zu, zu, zu
und weg bist Du, Du, Du.

(Alle sitzen um ein Schwungtuch herum. Ein Kind ist das Krokodil und sitzt unter dem Schwungtuch. Alle singen gemeinsam das Lied und bei »da schnappt es zu, zu, zu« zieht das Krokodil ein Kind unter das Schwungtuch. Dann fängt das Lied wieder von vorne an und zwei Kinder schnappen sich neue Krokodile dazu. Das geht so lange, bis alle gefangen sind.)

REGENWÜRMER

Ein Kind oder eine Erwachsene leitet das Spiel, während die Anderen in einem vorher festgelegten Abstand wie Regenwürmer auf dem Bauch liegen. Die anleitende Person beginnt auf den Boden zu stampfen und die Kinder kriechen los. Sobald sie aufhört, müssen die Kinder stoppen. Schön ist, mal kurz, mal lang, also in verschiedenen Varianten zu trampeln. Gewonnen hat, wer als erstes bei der Leitung angekommen ist.

KÖNIGIN KARTOFFELNASE

Ein Kind ist Königin Kartoffelnase und sitzt auf einem Thron, Stuhl, Kasten etc. Die anderen Kinder denken sich, am besten begleitet von einer Erwachsenen, eine Tätigkeit aus, die pantomimisch dargestellt werden kann. Die Königin Kartoffelnase darf diese noch nicht sehen! Dann gehen die Kinder zur Königin, die sie begrüßt mit: »Hallo Kinder!«. Die Kinder sagen: »Hallo, Königin Kartoffelnase!«, worauf die Königin fragt: »Was habt ihr gemacht?« und die Kinder ihre Bewegung vormachen (junge Kinder daran erinnern, nicht zu sprechen). Die Königin versucht, die Tätigkeit zu erraten. Wenn sie richtig rät, laufen alle Kinder weg. Wer zuerst oder zuletzt gefangen wird, ist die nächste Königin.

Variante: Hilfe, ich bin in den Brunnen gefallen!

Ein Kind sitzt in der Mitte des Kreises und ruft »Hilfe, ich bin in den Brunnen gefallen!« Die anderen Kinder antworten: »Wie tief denn?« Das Kind antwortet: »... Meter tief!« Alle Kinder fragen: »Wie können wir dich herausholen?« Nun überlegt sich das Kind in der Mitte etwas, was die Gruppe pantomimisch darstellen soll, z. B. Auto fahren, Zähne putzen, Buch lesen etc. Diese Bewegung müssen die Kinder so oft machen, wie viele Meter tief das Kind gefallen ist. Das Kind in der Mitte darf sich nun seinen »Retter« aussuchen.

DIE MÄUSEFAMILIE

Das ist Papamaus,
sieht wie alle Mäuse aus:
(Mit dem Daumen wackeln)
große Ohren,
(Mit den Händen die Ohren andeuten)
spitze Nase,
(Mit den Zeigefinger und Daumen
die Nasenspitze verlängern)
raues Fell
(Mit der flachen Hand über einen
Arm rubbeln)
und einen Schwanz sooo lang.
(Beide Hände weit und langsam
auseinanderziehen)

Das ist Mamamaus,
sieht wie alle Mäuse aus:
(Mit dem Zeigefinger wackeln)
....

Das ist Brudermaus,
sieht wie alle Mäuse aus:
(Mit dem Mittelfinger wackeln)
....

Das ist Schwestermaus,
sieht wie alle Mäuse aus:
(Mit dem Ringfinger wackeln)
....

Das ist Babymaus,
sieht nicht wie alle Mäuse aus:
(Mit dem kleinen Finger wackeln)
kleine Ohren,
(Mit den Händen kleine Ohren andeuten)
Stupsnase,
(Auf die Nase stupsen)
weiches Fell
(Mit der Hand über einen Arm streichen)
und ein Schwanz sooo kurz.
(Beide Hände schnell und nur wenig
auseinanderziehen)

WATTE PUSTEN

Es werden zwei Gruppen eingeteilt, die sich jeweils an einer Seite des Tisches gegenübersitzen (Längs- oder Querseite, je nach Schwierigkeitsgrad). Ein Wattebausch liegt in der Mitte und soll auf die gegenüberliegende Seite vom Tisch gepustet werden. Dafür gibt es einen Punkt.

BIERDECKELDUELL

Für das Spiel werden mindestens 100 Bierdeckel (o. Ä.) benötigt.
Die Kinder werden in zwei gleich große Gruppen eingeteilt und bekommen jeweils gleich viele Bierdeckel. Auf ein Startsignal hin werfen sie diese über eine Linie (aus Tesa-Krepp, einem Seil o. Ä.). Dabei darf niemand die Linie überschreiten. Nach einer festgelegten Zeit werden die Bierdeckel gezählt. Wer mehr Bierdeckel zur anderen Gruppe hinüber geworfen hat, gewinnt.

FEUER, WASSER, STURM

Die Kinder verteilen sich im Raum. Dann ruft der Spielleiter/die Spielleiterin ein Stichwort, z. B. »Feuer«, und zeigt in eine Ecke. Daraufhin sammeln sich alle Kinder möglichst schnell in einer Ecke des Raumes bzw. des Spielfeldes. Sobald der Spielleiter/die Spielleiterin Entwarnung gegeben hat, gehen alle wieder auf dem Spielfeld umher.

Weitere Ereignisse, die vorher vereinbart werden müssen, sind z. B.:
»Wasser«, d. h. Überschwemmung: Alle Teilnehmer versuchen sich zu retten, indem sie irgendwo hinaufklettern.
»Sturm«: Die Kinder kauern sich auf den Boden.
»Eis«: Die Kinder erstarren in der Position, in der sie gerade sind.

Quatschvarianten:

»Wackelpudding«: Die Kinder sind ganz locker und wackeln mit dem ganzen Körper.
»Krabbelkäfer«: Die Kinder legen sich auf den Rücken und wackeln mit den Beinen.
»Wasserwackelpudding«, »Feuerkäfer«: Die beiden Aktionen bzw. Bewegungen werden kombiniert, z. B. klettern die Kinder auf eine Bank und wackeln dann mit dem ganzen Körper.

DER SPAZIERGANG

Wir wollen einen kleinen Spaziergang machen. Kommt alle mit.
(Hände auf die Oberschenkel klatschen)

Von der Straße kommen wir auf eine Wiese. Da hört man das Gras rauschen.
(Die Hände werden aneinander gerieben)

Jetzt gehen wir über eine Brücke
(Mit den Fäusten gegen die Brust trommeln)

und kommen wieder auf eine Wiese – halt, da ist ein Graben. Wir nehmen Anlauf
(Schnell mit den Händen auf die Oberschenkel klatschen)

und hopp!
(Hände hochheben)

Wir haben es geschafft. Wo sind wir eigentlich? Wir wollen mal auf einen Baum klettern und Ausschau halten.
(Aufstehen und klettern, mit der Hand über den Augen Ausschau halten)

Aha, da sehe ich einen Weg. Steigen wir also wieder herunter
(Kletterbewegungen nach unten machen und sich wieder hinsetzen)

und gehen weiter.
(Mit den Händen auf die Oberschenkel klatschen)

Oh, ist das anstrengend! Merkt ihr, es geht bergauf? Nanu, es ist ja schon ganz schön düster. Wie unheimlich. Wo sind wir nur? Wir müssen uns mit der Hand vorsichtig vortasten – hu!
(Mit der Hand tasten und sie bei »hu« zurückzucken)

Das ist ja ganz kalt! Iiiiih!
(Mit der anderen Hand fühlen und sie bei »Iiiiih« zurückziehen)

Das ist ja ganz nass! Jetzt weiß ich es! Wir sind in einer Höhle! Da vorne ist eine Abbiegung. Da wollen wir uns hinschleichen.
(Mit den Handflächen vorsichtig über die Oberschenkel streichen)

Da ist ein Höhlenmonster. Schnell weg! Auf den Weg,
(Schnell auf die Oberschenkel klatschen)

den Baum hoch und wieder runter,
(Schnelle Kletterbewegungen machen)

hopp über den Graben,
(Hände schnell hochheben)

durch das Gras,
(Die Hände schnell aneinander reiben)

durch die Wiese auf die Straße
(Schnell in die Hände klatschen)

und ins Haus hinein. Hallo, da seid Ihr ja alle wieder!

Bei diesem Spiel machen alle die Bewegungen der anleitenden Person mit. Sie erzählt dazu eine Geschichte.

FISCHER, FISCHER

A Fischer, Fischer, wie tief ist das Wasser?

Ein Mitspieler/eine Mitspielerin ist der Fischer, alle Anderen sind die Läufer. Der Fischer steht auf der einen Seite des Spielfeldes, alle Anderen auf der anderen Seite. Die Spieler rufen laut: »Fischer, Fischer, wie tief ist das Wasser?« Der Fischer denkt sich aus, wie tief das Wasser wohl sein könnte, und antwortet dann zum Beispiel: »Zwei Meter tief!« Die Spieler fragen dann: »Wie kommt man da rüber?« Der Fischer denkt sich eine Fortbewegungsart aus und ruft diese in den Raum, z. B. hüpfen, gehen, rennen, krabbeln, kriechen etc.

Alle Mitspieler versuchen nun, auf die andere Seite zu kommen, dabei kommt ihnen der Fischer entgegen. Der Fischer versucht, so viele Mitspieler wie möglich zu fangen. Alle gefangenen Spieler müssen zusammen mit dem Fischer auf dessen Seite und sind ab sofort ebenfalls Fänger. Danach fängt das Spiel wieder von vorne an, nur dass der Fischer jetzt nicht mehr alleine fangen muss. Das Spiel wird solange wiederholt, bis der letzte Spieler übrig ist. Dieser darf der neue Fischer sein.

B Fischer, Fischer, welche Fahne weht heute?

Bei diesem Spiel stehen ebenfalls ein Fischer auf der einen Seite des Spielfeldes und alle Anderen auf der anderen Seite. Die Spieler rufen: »Fischer, Fischer, welche Fahne weht heute?« Der Fischer denkt sich eine Farbe aus, z. B. rot, grün, schwarz, gelb, und ruft diese laut in den Raum.

Alle Mitspieler, die diese Farbe am Körper tragen, dürfen nicht gefangen werden und können einfach auf die andere Seite hinübergehen. Alle Anderen versucht der Fischer zu fangen. Gefangene Mitspieler müssen mit auf die Seite des Fängers und sind somit auch Fänger. Danach fängt das Spiel von vorne an. Gewonnen hat der Spieler, der zum Schluss übrig bleibt. Dieser Spieler ist der neue Fischer.

STILLE POST

Die Kinder sitzen im Kreis. Ein Kind sagt einen Satz, der ihm gerade in den Sinn kommt, zum Beispiel: »Ich esse gern Pommes frites mit Ketchup.« Diesen Satz flüstert es seinem linken oder rechten Nachbarn ins Ohr. Dieser flüstert den Satz dem nächsten Kind zu und immer so weiter. Nachfragen ist verboten, es muss weitergegeben werden, was verstanden wurde. Zum Schluss wird der Ausgangssatz mit dem Endergebnis verglichen.

ICH SEHE WAS, WAS DU NICHT SIEHST

Dieses Spiel kann mit den verschiedensten Schwierigkeitsgraden gespielt werden und ist daher für alle Altersstufen geeignet. Jedes Kind benennt etwas, das im Raum sichtbar ist. Dies kann zum Beispiel eine Farbe, ein Kleidungsstück, ein Teil der Einrichtung oder ein Spielzeug sein. Den Schwierigkeitsgrad bestimmen die Frühpädagoginnen und -pädagogen nach dem jeweiligen Entwicklungsstand der Kinder oder die Kinder selbst. Wichtig ist, auf die Resonanz der Kinder zu achten und ihre Vorschläge aufzugreifen.

Variante:

Die Kinder setzen sich in einen Kreis und jedes Kind legt einen Schuh in die Mitte. Das beginnende Kind sagt: »Ich sehe einen Schuh, den ihr nicht seht, und der ist braun und hat eine helle Sohle.« Das Kind, das den gemeinten Schuh errät, macht weiter. Selbstverständlich können dafür auch andere Dinge verwendet werden.

TEN LITTLE FINGERS

I have ten little fingers
And they all belong to me.
I can make them do things
Would you like to see?
I can shut them up tight
I can open them wide
I can put them together
And I can make them hide.
I can put them up high
I can put them down low
I can fold them together
And hold them just so.

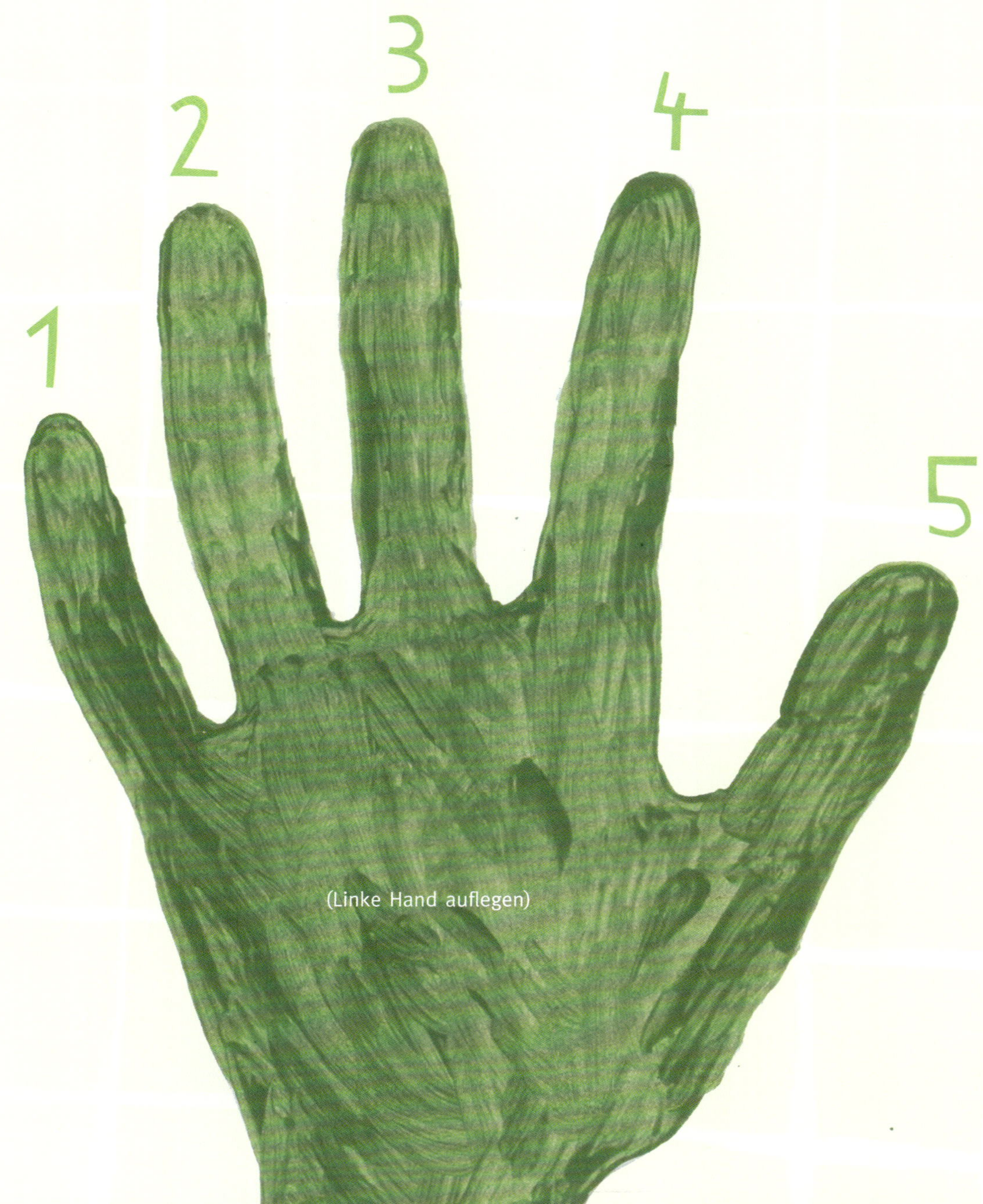

TWO LITTLE FEET GO TAP

Two little feet go tap, tap, tap.
(Gehen)
Two little hands go clap, clap, clap.
(Klatschen)
Two little eyes see who's there!
(Hände als Fernglas an die Augen führen)
Oh my goodness! It's a bear!
(Schnell laufen)

First, let's say the rhyme together. One child is the bear. The bear is catching the others.
(Lasst uns als erstes den Reim zusammen sprechen. Als nächstes spielt ein Kind den Bären, der die anderen zu fangen versucht.)

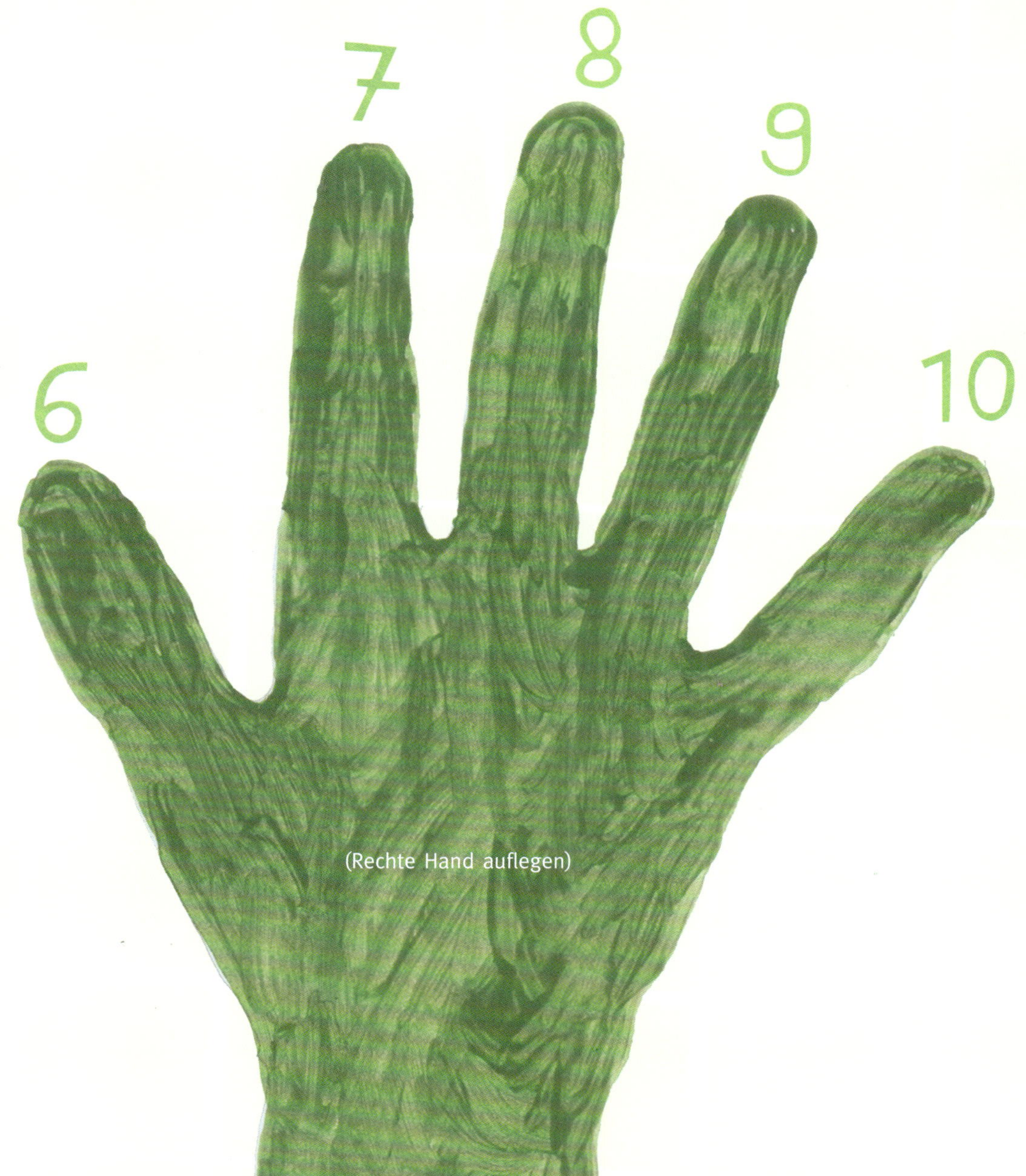

Hören, sprechen, betonen

Hier ist konzentriertes Hinhören und genaues Sprechen gefragt. Mit Ihrer Hilfe lernen die Kinder neue Rhythmen, Wörter und bilden erste Reime.

PUNKT, PUNKT, KOMMA, STRICH

Punkt, Punkt, Komma, Strich,
fertig ist das Mondgesicht,
gleich zwei kleine Ohren dran,
dass es nun auch hören kann,
Hals und Bauch hat er auch,
hier die Arme, dort die Beine,
fix und fertig ist der Kleine.

DAS IST DER DAUMEN

Das ist der Daumen.
Der schüttelt die Pflaumen.
Der sammelt sie auf.
Der trägt sie nach Haus.
Und der Kleine isst sie alle, alle auf.

(Die Finger werden vom Daumen an einzeln durchgegangen.)

BESUCH

Da kommt die Maus,
da kommt die Maus,
klingelingeling!
Ist das Kind wohl zu Haus?

(Die Hand läuft über den Körper des Kindes und zieht leicht am Ohrläppchen.)

Ene mene mink mang
Ping pang, ort port
Eier, deier, weier, weg!

Ene mene miste,
es rappelt in der Kiste.
Ene, mene, muh
und raus bist du.
Raus bist du noch lange nicht,
sag mir erst, wie alt du bist!

(Das Kind, auf das das letzte Wort fällt, nennt sein Alter – dieser Zahl entsprechend wird weitergezählt.)

EINE KLEINE SPITZMAUS

Eine kleine Spitzmaus
lief ums Rathaus,
wollte sich was kaufen,
hatte sich verlaufen
– A, E, I, O, U –
und wie heißt du?

(Ein Kind oder Erwachsener spricht den Text und bleibt am Ende vor dem ausgezählten Kind stehen. Dieses nennt seinen Vornamen, eventuell auch seinen Nachnamen und sein Alter.)

HIMPELCHEN UND PIMPELCHEN

Himpelchen und Pimpelchen,
die saßen auf einem Berg.
Himpelchen war ein Heinzelmann
und Pimpelchen ein Zwerg.
Sie blieben lange da oben sitzen
und wackelten mit den Zipfelmützen.
Doch nach siebenundzwanzig Wochen
sind sie in den Berg gekrochen.
Da schlafen sie in aller Stille
und keiner stört sie mit der Zwille.

(Direkt im Anschluss ahmen alle Schnarchgeräusche nach.)

GUT AUSSEHEN

Das Warzenschwein hat kein
Problem mit seinen Warzen – nie!
Es putzt, wäscht, salbt und pudert sie
und zeigt sie stolz an Arm und Kopf und Bein.

VOGEL SCHUHSCHNABEL

Einen Vogel gibt es, der hat
Vorn am Kopf einen Schuh,
Ja, einen großen Schuh.
Damit schnappt er seine Happen:
Fische, Kröten, kleine Quappen,
Ab und zu auch eine Schlange,
Schüttelt, rüttelt sie sehr lange,
Öffnet dann den Schnabelschuh
Und: Lässt sie alle wieder frei
Und Schluss ist mit dem Schmu.

FUCHS UND LUCHS

Fuchs sieht Luchs,
Luchs sieht Fuchs.
Flugs, bloß weg,
Denkt der Luchs.
Flugs, bloß weg,
Denkt der Fuchs.

KUH UND GNU

Ein Gnu sah eine Kuh.
Die Kuh sah auch das Gnu.
Sie mochten sich im Nu
und sagten beide Huh.

SCHNURR, KATZE!

Schnurr, Katze,
leise Tatze.
Kratze, kratze,
kleine Katze.
Ratze, ratze,
kleine Katze.

STRAUß UND MAUS

Du bist klein,
sagt der Strauß.
Und du zu groß
für mein Haus,
sagt die Maus.

DER FROSCH IST KRANK

Denkt euch nur, der Frosch ist krank!
Liegt nur auf der Gartenbank,
quakt nicht mehr, wer weiß, wie lang.
Ach, wie fehlt mir sein Gesang!
Denkt euch nur, der Frosch ist krank!

ACKELN UND ATZEN

Schweine weinen
Schafe afen
Pferde erden
Mäuse äusen
Katzen atzen

Hamster amstern
Rinder indern
Kälber älbern
Füchse üchsen
Dackel ackeln

Luchse uchsen
Hasen asen
Dachse achsen
Marder ardern
Wölfe ölfen

DER BÄR

Er lärmt
Er schlürft
Er rülpst
Er brüllt
Er grölt
Er röhrt!
Wer zähmt
Wer zähmt den Bären?!

SCHEUES TIER

Der Tapir ist scheu und nicht verwegen,
im tiefen Wald lebt er versteckt.
Sein kurzer Rüssel macht ihn sehr verlegen,
er will, dass niemand ihn entdeckt.

WIESELN & LUCHSEN

Hechte hechten durch die Luft.
Biber bibern in den Sümpfen.
Störe stören stumme Schollen.

Wiesel wieseln leis' im Laub.
Hühner hühnern durchs Gehege.
Marder mardern hier und dort.

Luchse luchsen in der Stille.
Tauben tauben bei den Lauben.
Häher hähern in den Ästen.

DIE WAHRHEIT ÜBER ELEFANTEN

Elefanten haben
viele Tanten.
Nicht weil sie
unter den Verwandten
viele Tanten haben.
Nein – weil Menschen
früh schon Reime kannten.

VÖGEL IM MORGENGRAUEN

Zipp zipp zipp
Tick tick tick
Kraa kraa kraa
Zick zick zick

Tak tak tak
Pink pink pink
Tük tük tük
Kja kja kja

Kick kick kick
Teck teck teck
Psülp psülp psülp
Köw köw köw

(Laut zu sprechen, auch mit verteilten Rollen)

KATZE UND TAUBE

Eine kleine Ti-, Ta-, Taube
saß auf einer Li-, La-, Laube.
Kam das junge Ki-, Ka-, Kätzchen
mit den weichen Ti-, Ta-, Tätzchen.
Wollte an den Bri-, Bra-, Brettern
in die Hi-, Ha-, Höhe klettern
und das Ti-, Ta-, Täubchen kriegen!
Täubchen, du musst flie-, fla-, fliegen!

WIE ES IST

Eins, zwei, drei,
alt ist nicht neu,
neu ist nicht alt,
warm ist nicht kalt,
kalt ist nicht warm,
reich ist nicht arm.

RATTEN

Ratten
Schatten
Rattenschatten

Schatten
Ratten
Schattenratten

Hab keine Angst
vor Rattenschatten!
Hab keine Angst
vor Schattenratten!
Hab keine Angst
vor satten Ratten!

VORSICHTIGER FISCH

In dem Si – si – si – si – seisasee
wohnt die Fi – fi – fi – fi – feifafee.
Unter ihrem Ti – ti – ti – ti – teitatisch
schwimmt der Fi – fi – fi – fi – feifafisch.
Kommt die Mi – mi – mi – mi – meimamaus
schwimmt er schnell zur Tür hinaus.

Varianten: Anstelle von i einen anderen Vokal verwenden oder alle Vokale durchgehen:

In dem Sa – sa – sa – sa – siesasee
In dem Sa – se – si – so – su – seisasee
wohnt die Fa – fe – fi – fo – fu – feifafee ...

(Betonung der Silben nach Belieben; vermutlich geht das Lesen am leichtesten über die Lippen, wenn man die erste, dritte und fünfte Silbe betont, also Si, si, sei und Fi, fi, fei und Ti, ti, tei usw.)

BUMERANG

War einmal ein Bumerang,
War ein weniges zu lang.
Bumerang flog ein Stück,
Aber kam nicht mehr zurück.
Publikum
– noch stundenlang –
Wartete auf Bumerang.

Joachim Ringelnatz

KURZMÄRCHEN

Es war einmal ein Mann,
mein Märchen fängt jetzt an,
der hatte eine Kuh,
hör ruhig weiter zu.
Die Kuh hatte ein Kalb,
mein Märchen ist halb,
das Kalb fing 'ne Maus,
mein Märchen ist aus.

BRUMMER

Brummer mit Kummer
fallen wie Hummer
in tiefen Schlummer –
werden stummer und stummer.
Aus lautem Brummen
wird sanftes Summen.
Aus Brummern werden Summer.

FRÜHLING

April, April, April,
der weiß nicht, was er will.
Mal Regen und mal Sonnenschein,
dann schneit es wieder zwischendrein.
April, April, April
der weiß nicht, was er will.

SOMMER

Oft liegt sie nur in einer Ecke,
doch mit viel Luft und einer Decke
wird ein Bett für dich daraus,
fürs Zelt vielleicht, probier es aus.

HERBST

Die Raben rufen: Krah, krah, krah!
Wer steht denn da, wer steht denn da?

Wir fürchten uns nicht, wir fürchten uns nicht
vor dir mit deinem Brillengesicht.

Wir wissen ja auch ganz genau,
Du bist nicht Mann, du bist nicht Frau.

Du kannst ja nicht zwei Schritte geh'n
Und bleibst bei Wind und Wetter steh'n.

Du bist ja nur ein bloßer Stock,
Mit Stiefeln, Hosen, Hut und Rock.

Krah, krah, krah!

Christian Morgenstern

WINTER

ABC
die Katze lief im Schnee.
Und als sie wieder rauskam,
da hat sie weiße Stiefel an.
Oh weh, oh jemine!

ICE CREAM

I like ice cream,
It's my favourite treat.
I like ice cream,
That's what I like to eat.
And I like ice cream any time I can.
Oh, I like ice cream,
Here comes the ice cream man!

MARY

One, two, three, four,
Mary at the kitchen door.
Five, six, seven, eight,
Eating cherries off a plate.

MS MILLER

Little Arabella Miller
Had a woolly caterpillar.
First it crawled upon her mother,
Then upon her baby brother.
All said »Arabella Miller,
Take away that caterpillar!«

Hören und Sprechen: Vokale

Dieses Kapitel konzentriert sich auf die fünf Vokale A, E, I, O, U und die drei Umlaute Ä, Ö und Ü. Diese acht Buchstaben sollen sich im Spiel – auch in ihren Kurz- und Langformen – in den Ohren der Kinder so festsetzen, dass sie sie voneinander unterscheiden lernen. Das ist unter anderem eine gute Vorbereitung der Kinder auf die Schule. Am vergnüglichsten und einprägsamsten ist das Lied ›Drei Chinesen mit dem Kontrabass‹.

A
E
U
I
O

LAMA

Das Lama wacht
Das Lama lacht
Das Lama tanzt
Das Lama zagt
Das Lama klagt
Das Lama nascht
Das Lama schnarcht.
Nachts schnarcht das Lama.

MAMA SAGT, PAPA SAGT

Mama sagt
Mach das!
Papa sagt
Lass das!
Mama sagt
Wag was!
Papa sagt
Lass mal!
Mama fragt
War's das?
Papa fragt
War was?

WER?!

Wer redet?
Wer meckert?
Wer nervt?
Wer wettert?
Wer hechtet?
Wer spechtet?

FESTKLEBEN

Quellen quellen
Wellen wellen
Retter retten
Kletten kletten
Streber streben
Geber geben
Renner rennen
Penner pennen

TRICK

Licht
Wicht
Kind
Wind
Witz
Blitz
–
Strick
Trick
Tick.

WICHTIG

Ist giftig
Ist nicht giftig?
Ist bissig
Ist nicht bissig?
Ist listig
Ist nicht listig?
Ist wirklich richtig
giftig, bissig, listig?

OH, BODO

Bodo bolzt
Bodo boxt
Bodo holzt
Bodo motzt
Bodo rotzt
Bodo droht –
Oh, Bodo Hohlkopf!

OH OH!

Holzkopf!
Doofkopf!
Hohlkopf!
Strohkopf!
Froschkopf!
Kohlkopf!
Rotzkopf!

LÄRM

Lärm
sägt.
Lärm
quält.
Lärm
lähmt.

JÖRG

Jörg
döst.
Jörg
hört.
Jörg
höhnt.
Jörg
stöhnt.

GLÜCK

Glück
rührt.
Glück
blüht.
Glück
glüht.

FUCHS UND HUHN

Fuchs guckt,
Huhn gluckst.
Fuchs knurrt,
Huhn schrumpft.
Fuchs brummt,
Huhn summt.
Huhn stupst,
Fuchs schmust.
–
Huhn ruht,
Fuchs ruht.

STUNK

Du Huhn!
Du Wurm!
Du Hund!
Du Kuh!
Muh, Muh!

WIE HIEß DAS GLEICH NOCH MAL?

KROKODOL
KRUKUDUL
KRAKADAL
KREKEDEL
KRIKIDIL

KRUKUDOL
KRAKADUL
KREKEDAL
KRIKIDEL
KROKODIL

DAS EINE UND DAS ANDERE

Bar ist nicht Bär,
Lowe ist nicht Löwe,
Mucke ist nicht Mücke.

Lammer sind nicht Lämmer
Und Kauze sind nicht Käuze,
Wolfe sind nicht Wölfe.

Aber Käthe ist Käthe,
Jörg ist Jörg und
Hülya bleibt Hülya.

MEINE MU, MEINE MU, MEINE MUTTER SCHICKT MICH HER

Meine Mu-, meine Mu-, meine Mutter schickt mich her,
ob der Ku-, ob der Ku-, ob der Kuchen fertig wär.
Wenn er no-, wenn er no-, wenn er noch nicht fertig wär,
käm ich mo-, käm ich mo-, käm ich morgen wieder her.

(Die FrühpädagogInnen sollten darauf achten, dass die Vokale dem Wort entsprechend ausgesprochen werden: also Mu kurz, Ku lang usw. Variante: Mi-, Ma-, Mutter – Ki-, Ka-, Kuchen – ni, na, noch oder Mitter, Matter, Mutter usw.)

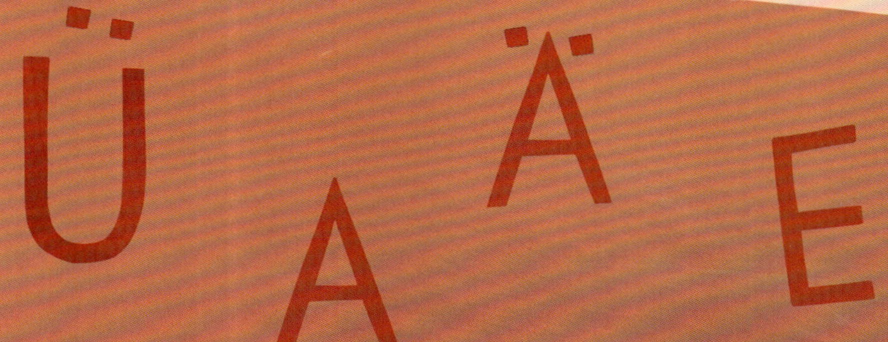

DREI CHINESEN MIT DEM KONTRABASS

Drei Chinesen mit dem Kontrabass
saßen auf der Straße und erzählten sich was.
Da kam die Polizei, fragt »Was ist denn das?«
»Drei Chinesen mit dem Kontrabass.«

Dra Chanasan mat dam Kantrabass
saßan af dar Straßa and arzahltan sach was.
Da kam da Palaza, fragt »Was ast dann das?«
»Dra Chanasan mat dam Kantrabass.«

Alle Vokale und Umlaute durchprobieren:
A, E, I, O, U, Ä, Ö, Ü.

(Dieses unübertroffene Lied ist hervorragend geeignet, sich sowohl beiläufig die Vokale und deren Reihenfolge im Alphabet als auch die Umlaute einzuprägen. Man kann es kaum oft genug singen, zumal es fast immer von viel Lachen begleitet ist.)

Hören und Sprechen: Konsonanten

In diesem Abschnitt geht es darum, Konsonanten zu hören und zu sprechen. Nicht wenige junge Kinder haben am Anfang ihres Sprechens Schwierigkeiten, die Buchstaben B und P oder G und K auseinanderzuhalten und entsprechende Wörter richtig zu artikulieren.

Mit den nachfolgenden Spielen können Sie die Kinder in ihrer sprachlichen Entwicklung unterstützen und dazu beitragen, dass »Fehler« auch selbst erkannt werden – am besten begleitet von herzlichem Lachen!

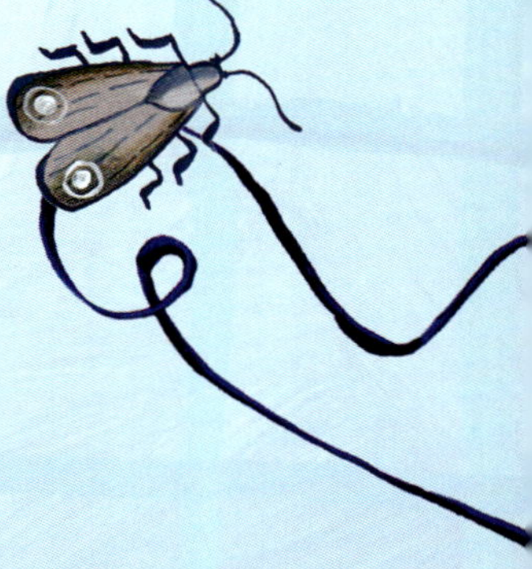

B - P

BLATT

Blatt, platt
Platt, Blatt
Blatt, platt
Platt, Blatt.
Ach, wie platt
Ist jedes Blatt.

BITTEN

Worum baten
die Paten?
Um Wünsche
baten die Paten.

BUTZEN

Butzen putzen
Butzen putzen
Wer will hundert
Butzen putzen?

KONZERT

Viele kleine Wurze
machen manchmal
laute Furze.

KRAFT

Wer schmeißt mit Felsen
nach kleinen Welsen?
Es sind auf Wiesen
die fiesen Riesen!

WALTER

Weiße Falter
fliegen zum
faltigen Walter.

D - T

GROßES AUTO

Acht Dachse
nehmen
eine Taxe.

UNGLÜCK

Ein schwerer Deckel
traf – krabums! –
den kleinen Teckel.

MEER

Ein Ohr an leeren Dosen
und
du hörst ein lautes Tosen.

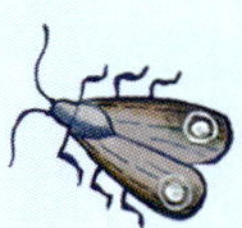

G - K

ALTE MENSCHEN

Ein kleiner Greis
geht in einem
großen Kreis.

Viele große Greise
gehen viele
kleine Kreise.

GAGGA

KACKA
GAGGA
ALLES GAGGA
ALLES KACKA
GAR NICHTS GAGGA
GAR NICHTS KACKA
GAGGA, KACKA
KACKA, GAGGA.

OBST

Eine Pflaume
ess' ich gern.
Und den Kern?
Nein – den Kern,
den ess' ich
gar nicht gern.

Schabernack macht Spaß.
Schlaue Sprüche schüchtern ein.
Spitze Steine scheuern Füße.
Spechte hacken Steine klein.

G-D/K-T

KAUM ZU GLAUBEN

Wenn Thorsten gierig kaut,
klingt es manchmal ganz schön laut.

KANN PASSIEREN

Und plötzlich - fort
War das Wort:
War es Bulle?
War es Pulle?
War es Deich?
War es Teich?
War es Wels?
War es Fels?
War es Gabel?
War es Kabel?
War es Korn?
War es Dorn?

DURCHGEDREHT

Mein tolldreister Kater
kratzt blindwütig Polster –
Schluß! tobt grimmig mein Vater.

WIE KANN MAN NUR ...

Eine kleine dumme Gans
bittet einen Dachs zum Tanz.

Rufen und Dazwischenrufen: Interjektionen

Hier können Kinder machen, was sie ohnehin gern tun: Tiere nachahmen – laut knurren, krächzen, miauen oder brüllen wie ein Löwe. Rufen Sie doch mal zusammen mit den Kindern »Au!«, »Peng!«, »Boing!« oder »Verdammt nochmal!« in verschiedenen Stimmlagen! So lernen Kinder neue Interjektionen kennen und genau hinzuhören, wenn sie erfahren, was sie mit ihrer Stimme so alles machen können.

TIERE

deutsch	englisch	spanisch
iah	hee-haw	jiii-jaa
kikeriki	cock-a-doodle-doo	kikiriki
gack, gack!, gock, gock!	cluck cluck	coc-co-co-coc
mäh mäh	baa baa	bee bee
miau miau	miaow miaow	miau miau
muh muh	moo moo	muuu muss
quak quak	quack quack	cua cua
oink oink	oink oink	oinc oinc
wau wau	woof woof	guau guau
ihaha	neigh neigh	iiiii iiiii
quak quak	rebbit rebbit	cruá cruá
kuckuck	yoo-hoo	cucú

VERSCHEUCHEN

Husch Husch
Ksch Ksch
Pss Pss
Sch sch
Xss xss
Xssssssss

(Die Wörter – auch gemeinsam – mit unterschiedlicher Lautstärke und Gefühlslage sprechen.)

NEE, WILL NICHT!

Pfh pfh
Puh puh
Pillepalle
Pst pst
Papperlapapp

(Die Wörter – auch gemeinsam – mit unterschiedlicher Lautstärke und Gefühlslage sprechen.)

ABSCHEU

Ä (kurz)
Igitt
Bä (kurz)
Iih
Pfui
Äh! (lang)

(Die Wörter – auch gemeinsam – mit unterschiedlicher Lautstärke und Gefühlslage sprechen.)

VERLETZUNG

Au
Aua
Au!

Au
Aua
Autsch!

(Die Wörter – auch gemeinsam – mit unterschiedlicher Lautstärke und Gefühlslage sprechen.)

RUHE BITTE!

Ps
Pss
Psst...

Ps
Pss
Psst...

Ps
Pss
Psst...

(Am Ende sehr leise.)

Zungenbrecher

Im Englischen heißen sie »jawbreaker« oder »tongue twister«, das heißt wörtlich übersetzt »Kieferbrecher« oder »Zungenverbieger«. Kaum etwas tun Kinder lieber, als sich der Herausforderung von Zungenbrechern zu stellen, und sie legen dabei oft eine erstaunliche Hartnäckigkeit an den Tag, wenn sie die Sätze wieder und wieder richtig zu sprechen versuchen. In diesem Kapitel sind einige weniger bekannte Kieferbrecher versammelt, die, wie die anderen auch, die artikulatorischen Fähigkeiten verbessern helfen.

Enchen, denchen, dittchen, dattchen,
sibeti, bibeti, bonchen, battchen,
sibeti, bibeti, buff.

Esel essen Nesseln nicht,
Nesseln essen Esel nicht.

Acht alte Ameisen essen am Abend Ananas,
trauriger Tiger toastet Tomaten.

Kalte Klapperschlangen klapperten,
bis die kahlen Klappen schlapper klangen.

Dicke Finken picken tüchtig im dichten Fichtendickicht.
Im dichten Fichtendickicht picken dicke Finken tüchtig.

Der Flugplatzspatz nahm auf dem Flugplatz Platz.
Auf dem Flugplatz nahm der Flugplatzspatz Platz.

ZILPZALP-GESANG

Du du du
Tak tak tak
Zilp zilp zalp
Glück glück glück

(Laut zu sprechen.)

Hansen Hansens Hans hackte Holz.
Hätte Hansens Hannchen
Hansen Hansens Hans Holz hacken hören,
hätte Hansens Hannchen
Hansen Hansens Hans Holz hacken helfen.

Wenn dein Dackel zu meinem Dackel nochmal Dackel sagt,
kriegt dein Dackel von meinem Dackel so einen gedackelt,
dass dein Dackel zu meinem Dackel nie mehr Dackel sagt.

Schnecken erschrecken,
wenn Schnecken an Schnecken schlecken,
weil, zum Schrecken vieler Schnecken,
Schnecken nicht schmecken.

Mariechen sagt zu Mariechen, lass mich ma' riechen Mariechen!
Da ließ Mariechen Mariechen ma' riechen.

Selten ess' ich Essig. Ess' ich Essig, ess' ich Essig nur im Essen.

Wenn Rumkugeln um Rumkugeln rumkugeln,
dann kugeln Rumkugeln um Rumkugeln rum.

Dies ist ein Scheit.
Dies ist ein Schleißenscheit.
Dies ist ein wohlgeschlissenes Schleißenscheit.
Das schickt die Frau Weißen aus Meißen und lässt sagen frei,
dass sie die allergeschickteste Schli-Schla-Scheitschleißerin sei,
und ihr Mann, der Fritze, hinter der Scheune sitze
und fleißig Schli-Schla-Schleißenscheite schnitze.

A big black bug bit a big black bear.
Ein großer schwarzer Käfer biss einen großen schwarzen Bären.

How much wood could a woodchuck chuck
If a woodchuck could chuck wood?
As much wood as a woodchuck could chuck,
If a woodchuck could chuck wood.

Wie viel Holz könnte ein Murmeltier schmeißen,
wenn ein Murmeltier Holz schmeißen könnte?
So viel Holz, wie ein Murmeltier schmeißen könnte,
wenn ein Murmeltier Holz schmeißen könnte.

She sells sea shells down by the seashore.
Sie verkauft Muscheln unten am Meeresstrand.

Verkehrte Welt

Kinder haben besonders Spaß, wenn sie sich dessen versichern können, was sie bereits über die Welt wissen, und dabei ihre Fähigkeit genießen, sich über die verquere, verdrehte Welt zu amüsieren.

Sie können die Kinder dazu anregen, sich Blödsinngeschichten auszudenken und Spott und Ironie im Sprechen zu durchschauen. So trägt »Verkehrte Welt« nicht nur zur Erkenntnis der tatsächlichen Welt, sondern auch zum vielseitigen Gebrauch von Sprache bei.

IA

GUTE GEISTER

Erdmännchen schauen übers Land
Wassermännchen passen auf am Strand
Luftmännchen blicken nach Wetterwenden
Feuermännchen warnen vor schlimmen Bränden.
In ihrer Wachheit sind sie Meister
Und allen Menschen gute Geister.

GEHEIME WELT

Esel lesen
Sperber sprechen
Hechte rennen
Recht selten
Schweben Eber und Schnecken
Bellen Ferkel und Eltern.

SPINNEN

Eine Kuh, die saß im Schwalbennest
mit sieben jungen Ziegen,
die feierten ihr Jubelfest
und fingen an zu fliegen.
Der Esel zog Pantoffeln an,
ist übers Haus geflogen,
und wenn das nicht die Wahrheit ist,
so ist es doch gelogen.

EINZIGARTIGE TIERE

Meerschweinchen schwimmen durch Teiche und Seen
Begleitet von hunderten, tausenden Feen
Arbeiten unentwegt fleißig an riesigen Deichen
Gut beschützt von steinreichen Scheichen
Die nie von ihrer Seite weichen –
Meerschweinchen sind wirklich ohnegleichen.

SELTSAM

Am Brunnen vor dem Tore,
da steht ein Birnenbaum,
er trägt so süße Äpfel,
man sieht die Zwetschgen kaum.

EIN TRAUM?

Des Abends, wenn ich früh aufsteh,
des Morgens, wenn ich zu Bette geh,
dann krähen die Hühner, dann gackelt der Hahn,
dann fängt das Korn zu dreschen an.

SCHÖNE NACHT

Drei Hasen
tanzen im
Mondschein im
Wiesenwinkel
am See:
Der eine ist
ein Löwe,
der andere
eine Möwe,
der dritte ist ein Reh.

Christian Morgenstern

ZWEI TIERE IM STURM

Ein Malek und ein Piegapa
Gerieten in einen Orkan.
Als er schließlich zu Ende war
War'n sie – eh' sie sich's versah'n –
Ganz plötzlich Lekam und Gapiepa
Als wär's ein böser Wahn.
Noch ein Sturm kam auf
Auch der ging bald vorbei –
Da waren sie Kamel und Papagei.

VERWIRRT

Vorigen Handschuh verlor ich meinen Herbst,
da ging ich ihn finden, bis ich ihn suchte.
Da kam ich an eine Guckte und schlucht hinein,
da saßen drei Stühle auf drei großen Herren,
da nahm ich meinen guten Tag und sagte:
guten Hut, meine Herren,
da bring ich drei Paar Strümpfe
auf drei Pfund Garn,
sie sollten morgen fertig werden,
dass ich sie heute noch anziehen kann.

NEUE WÖRTER

Frühstück – Spätstück
Frühling – Spätling
Großkotz – Kleinkotz
Großvater – Kleinvater
Herzog – Wegzog
Hochzeit – Tiefzeit
lauthals – leishals
Schlafmütze – Wachmütze
taghell – nachthell
wachsam – schlafsam

WIEVIEL UHR IST ES?

Wie viel Uhr ist es?
Mittwoch.
Au wei, dann muss ich aussteigen.

DUNKEL WAR'S

Finster war's, der Mond schien helle,
Schnee lag auf der grünen Flur,
als ein Wagen blitzeschnelle
langsam um die Ecke fuhr.
Drinnen saßen stehend Leute,
schweigend ins Gespräch vertieft,
als ein totgeschoss'ner Hase
auf der Sandbank Schlittschuh lief,
und ein blondgelockter Jüngling
mit kohlrabenschwarzem Haar
auf die gelbe Bank sich setzte,
die blau angestrichen war.

Wo und wann: Präpositionen

Was sind diese seltsamen Wörter, die den Hauptwörtern vorangestellt sind und ihnen eine örtliche oder zeitliche Bestimmung oder einen bestimmten Fall geben? Mit den Präpositionen, den vorangestellten Wörtern, haben auch Erwachsene manchmal Probleme.

Hier können Sie die richtige Verwendung von Präpositionen üben. Üben? Ja, üben, denn immer wiederkehrendes Sprechen und Hören der Präpositionen ist das, was vor allem bei kleinen Fehlern von Gelassenheit und gemeinsamem Lachen begleitet sein kann.

WO?

An/Am, Auf, Bei, Beim, Hinter, In/Im, Neben, Über, Unter, Vor, Zwischen

Wo ist deine Puppe (Teddy)?

Liegt deine Puppe neben dem Tisch?
Sitzt deine Puppe auf der Stuhl?
Schläft deine Puppe in das Bett?
Ist deine Puppe unter dem (unterm) Bett?
Oder hockt sie in Kühlschrank?

Wo sollen wir heute essen?

Essen wir auf den Tisch?
Essen wir unter die Tisch?
Essen wir am Tisch?
Essen wir bei die Garderobe?
Oder essen wir heute ins Klo?

Wo soll ich den Ball hinlegen?

Auf dem Regal?
In den Backofen?
Vor der Tür?
Unter den (untern) Teppich?
Neben der Teller?
Oder soll ich ihn auf die Regal
über das Garderobe legen?

Wo könnte der Hund seinen Knochen verstecken?

Könnte der Hund ihn unter
die Bettdecke verstecken?
Auf der Schrank?
In eine Schublade?
Hinter der Kühlschrank?
Oder könnte der Hund ihn
neben der Fernseher verstecken?

Wo stehen deine Schuhe?

Vor der Eingang?
Unter die Garderobe?
Zwischen der Flur und dem Küche?
In die Tiefkühltruhe?
Oder stehen sie irgendwo bei die Telefon?

WOHER?

Aus, Von

Woher kommen deine Eltern?

Kommen sie aus ein anderes Land?
Kommen sie in Amerika?
Kommen sie im Ankara?
Kommen sie auf einer Insel?
Kommen sie aus Syrien?

WOHIN?

Hinter, In, Nach, Vor, Zu

Wohin läuft dein Hamster?

Läuft dein Hamster in sein Haus?
Läuft er zu die Gitter?
Läuft er zu sein Futternapf?
Wandert er nach Südamerika aus?
Oder flüchtet dein Hamster hinter der Gartenlaube?

Wohin fährst du in den Ferien?

Fährst du zu deine Großmutter?
Fährst du vor unser Kindergarten?
Fährst du in der Alpen?
Fliegst du vielleicht zu Bolivien?
Oder fährst du zum Ende der Welt?

WANN?

An/Am, In/Im, Nach, Um, Vor

Wann ist sonntags dein Mittagessen?

Ist dein Mittagessen um acht Uhr morgens?
Ist dein Mittagessen nach die Schlafen?
Ist dein Mittagessen vor das Aufstehen?
Oder ist dein Mittagessen vor der Nachmittag?

Wann ist dein Geburtstag?

Ist dein Geburtstag am Januar (Februar, März...)?
Ist dein Geburtstag im 24. August (September, Oktober...)?
Ist dein Geburtstag vor oder nach der Sommer?
Oder ist dein Geburtstag nach die Wochenende?

Wann holt deine Mama / dein Papa dich ab?

Kommt Mama / Papa nach das Essen?
Kommt Mama / Papa Viertel nach drei?
Kommt Mama / Papa vor unser Schlusskreis?
Kommt Mama / Papa vielleicht um Mitternacht?
Oder kommt Mama / Papa im nächstes Jahr?

Wann geht die Sonne auf?

Geht die Sonne vor die Nacht auf?
Geht die Sonne nach das Aufstehen auf?
Geht die Sonne vor der Kindergarten auf?
Oder geht die Sonne genau um sieben auf?

Mit Buchstaben spielen

In diesem Kapitel dreht sich alles um die 26 Buchstaben unseres Alphabets. Warum Sie sich damit schon im Kindergarten befassen sollten? Junge Kinder beginnen ohnehin irgendwann, sich für Buchstaben und das Schreiben zu interessieren. Außerdem ist der Umgang mit Buchstaben nicht nur beim Wechsel in die Schule nützlich.

KOMGR

In fast allen Namen verstecken sich weitere Wörter. Am leichtesten findet man sie, wenn man die Buchstaben auf einzelne Zettel schreibt und mit verschiedenen Reihenfolgen spielt. Wenn der Vorname sehr kurz ist, kann man den Nachnamen dazunehmen.

M	A	R	T	I	N	A
MARTA	ART	RAT	TAL	IM	NA	
MAI	ARM	RAN	TRAN	IN	NAMI	
MINA	ALT	RITA	TRAIN	INA		
MAIN	ANA		TRAM	IRMA		
MINT	AM			IRAN		

M	A	L	T	E
MAL	ALT	LATE	TAL	ELA
MALE	ALM			EMA
MALT	AM			
MATE	ATEM			

Mit allen Buchstaben zusammen kann man einen Geheimnamen bilden:

Martina: Rinatam, Artinam, Trinama, Narmati, Intarma, Inratma
Malte: Letam, Elmat, Eltam, Telam, Altem

Wenn man die Buchstaben des Namens einer Freundin oder eines Freundes untereinander schreibt, kann man nach Wörtern suchen, die zu ihm oder ihr passen.

A	lbern
D	achs
R	uhig
I	nge
A	ufmerksam
N	ölen

M	unter
A	chterbahn
R	eden
I	deen
E	hrgeizig
K	omisch
E	nte

DREI ABC-GEDICHTE VON KINDERN

A B C D E
Nun kommt die kleine Fee.
F G H I J K
Sie zaubert hier und da.
L M N O P Q
Sie zaubert eine Kuh.
R S T U V W
Sie sitzt so gern im Klee.
X Y und Z
So geht das Feen-Alphabet.

A B C D E
Der Kopf tut mir weh,
F G H I J K
der Doktor ist da.
L M N O
Jetzt bin ich froh,
P Q R S T
es ist wieder gut, juchhe!
U V W X
Jetzt fehlt mir nix,
Y Z
jetzt geh ich ins Bett.

A B C D E
Die Ente schwimmt im See.
F G H I J K
Sie schwimmt mal hier und da.
L M N O P Q
Sie macht die Augen zu.
R S T U V W
Sie ruft ganz laut: O weh!
X und Y Z
Das war das Enten-Alphabet.

DAS ALPHABET DER MEISEN

A-meisen
B-meisen
C-meisen
D-meisen
E-meisen
F-meisen
G-meisen
H-meisen
I-meisen
J-meisen
K-meisen
L-meisen
M-meisen
N-meisen
O-meisen
P-meisen
Q-meisen
R-meisen
S-meisen
T-meisen
U-meisen
V-meisen
W-meisen

(Recht selten trifft man X-, Y- und Z-meisen.
Kein Wunder – fast immer sind sie auf Reisen.)

DAS ALPHABET DEUTSCHER ORTE

Affental
Bärenklau
Clüversborstel
Disteln
Entenber
Faulenfürst
Groß Mackenstedt
Hungriger Wolf
Igel
Jägerhof
Kneifzange
Leider
Mülldorf
Niederholzklau
Oberkotzau
Pissen
Quakenbrück
Regenmantel
Siehdichfür
Tanzfleck
Unterapfeldorf
Vatersdorf
Weltwitz
Xanten
Yach
Zwergen

Man spricht die Buchstaben des Alphabets etwa so: A, Be, Ce, De, E, Ef, Ge ... In Wörtern werden die meisten Buchstaben aber anders gesprochen. Es heißt:

nicht Beraunbär, sondern Braunbär,
nicht Celownfisch, sondern Clownfisch,
nicht Efilzlaus, sondern Filzlaus,
nicht Zettelt, sondern Zelt.

VON A BIS E

Herr Afeu frug Herrn Befeu:
»Wo bleibt denn bloß Herr Cefeu?«
Da sprach Herr Befeu: »Cefeu?
Der sitzt mit Fräulein Defeu
dort unten hinterm Efeu!«

Heinz Erhardt

DEUTSCHES TIERALPHABET

Amsel
Braunbär
Clownfisch
Dodo
Ente
Filzlaus
Gimpel
Habicht
Igel
Jaguar
Kamel
Lama
Murmeltier
Nashorn
Orca
Puma
Qualle
Ratte
Seehund
Tapir
Unke
Viper
Walross
Xylophag (Pflanzen fressendes Tier)
Yeti-Krabbe
Zaunkönig

Fast alle Kinder beginnen mit einer lautgetreuen Schreibweise. Daher sollten zu Beginn die Laute der Buchstaben und nicht die Buchstabennamen (A, Be, Ce etc.) im Mittelpunkt stehen.

Es spricht aber nichts dagegen, den Unterschied zwischen Buchstabenlaut und Buchstabennamen ausführlich mit den Kindern zu besprechen und an Beispielen zu erproben, wenn den Kindern diese Differenz aufstößt. Gut eignen sich dafür die Vornamen, die Kinder dieses Alters oft schon schreiben und wiedererkennen können.

ENGLISCHES TIERALPHABET

alligator	Alligator
bear	Bär
cat	Katze
dolphin	Delfin
elephant	Elefant
fly	Fliege
giraffe	Giraffe
horse	Pferd
island wombat	australische Beutelmaus
jay	Eichelhäher

kangeroo	Känguru
lion	Löwe
mouse	Maus
nightingale	Nachtigall
owl	Eule
pig	Schwein
quail	Wachtel
rhino(ceros)	Nashorn
sheep	Schaf
turtle	Schildkröte
umbrella bird	Schirmvogel
viper	Viper
whale	Wal
X-ray fish	Röntgenfisch
yak	Yak
zebra	Zebra